페이퍼 커팅 아트

피어나다
네 번째

최향미

페이퍼 커팅 아트

피어나다
네 번째

최향미

여는 글

숨을 불어넣어 종이를 깨워주세요

앞서 펴낸 책에 계절과 마음을 담아냈다면, 이번 책《피어나다 네번째》에는 동물을 담아보았습니다. 개성 넘치고 귀엽고 아름다워서 좋아했던 낙타, 레서판다, 사막여우, 고양이, 펭귄 등 여러 동물을 그리며, 지금까지 몰랐던 동물의 삶에도 관심을 갖고 같이 사는 세상에 대한 고민을 했던 시간이었습니다.

이번 책에서는 여러 장을 겹쳐서 하나의 작품으로 완성하거나 꽃으로 둘러싸인 액자 안쪽을 꾸미며 재미를 더하는 작품도 그려보았습니다. 저와 독자님들이 함께 완성하는 작품이니 자유롭고 예쁘게 만들어주시기를 기대해봅니다.

이번에도 꼭 말씀드리고 싶은 점은 무엇보다도 칼에 다치지 않게 조심하는 것, 빠르고 완벽하게 완성하고 싶은 마음 때문에 스트레스 받지 않는 것입니다. 제가 그린 선에 딱 맞추어 자르지 않으셔도 좋습니다. 실수로 꽃잎이 하나 떨어져도 그것 또한 꽃이며, 빗나가 다른 곳을 잘라도 그건 여전히 여러분의 작품이기 때문입니다. 그림에는 정답이 없으니 천천히 작은 조각부터 오려내며 온전히 자기만의 시간을 담아내시기를 바랍니다.

벌써 네번째 "여는 글"을 쓰고 있다는 것이 저에게는 굉장히 벅찬 일입니다. 응원해주신 덕에 정말 큰 힘을 얻어 예쁜 그림을 그릴 수 있었습니다. 항상 제가 더 감사합니다.

최향미

준비물

고무 매트
잡지나 신문 같은 것에 대로 자를 수도 있겠지만, 페이퍼 커팅 아트는 섬세한 칼질을 많이 해야 하므로 고무 매트가 꼭 필요합니다. 딱딱한 것보다 부드러운 것이 좋고 여러 차례 사용하면 칼자국이 남아 자를 때 방해가 될 수 있으니 주기적으로 교체해주는 것이 좋습니다.

칼
칼은 손에 쥐기 편한 것을 선택하면 됩니다. 문구용 칼을 사용해도 좋고 펜 모양의 아트 나이프를 사용할 수도 있습니다. 칼보다 중요한 것은 칼날의 각도입니다. 일반적인 칼날보다 날카로운 30도 칼날을 끼우면 선이 잘 보여 자르기에 수월합니다.

마스킹 테이프
섬세하게 오린 부분은 고무 매트와 바닥 사이에 끼거나 손에 밀려 찢길 위험이 높습니다. 이런 부분에 접착력이 약한 마스킹 테이프를 붙여두면 오리는 도중 찢기는 일이 줄어듭니다. 마스킹 테이프는 그림을 다 오린 후 살며시 떼어내면 됩니다.

완성하는 방법

1. 이번 책에는 그림 두 개를 합쳐 모빌 하나를 만들 수 있는 그림이 있습니다. 마음에 드는 그림을 골라 매트 위에 올립니다. 저는 59쪽 그림을 오려볼게요.
   Tip. 안전하고 다루기 편하도록 칼날은 조금만 빼고, 칼은 가볍게 잡습니다.

2. 사진처럼 한 장에 두 개의 그림이 그려져 있을 때는 저처럼 종이를 반으로 잘라 하나씩 순서대로 오리면 편할 거예요. 홍학과 꽃이 그려진 그림을 '홍학', 액자가 그려진 그림은 '프레임'이라고 부를 게요.

3. 저는 홍학을 먼저 오리겠습니다. 작은 면을 먼저, 큰 면은 나중에 자르는 것이 좋습니다. 큰 면을 먼저 자르면 얇은 부분만 남아서 완성하기 전에 쉽게 찢어질 수 있어요.

4. 보통은 안쪽을 모두 자르고, 마지막에 테두리를 잘랐지만, 사진처럼 가느다란 선으로 그려진 나뭇잎과 꽃잎은 안쪽에서 바깥쪽으로 순서대로 자르면서, 하나 자를 때마다 테두리도 함께 자르는 게 좋아요.

5. 4번 같은 부분을 제외한 다른 부분은 안쪽을 모두 오려내고, 테두리를 따라 그리듯 오린 뒤, 여러 군데 칼집을 내서 떼어내면 됩니다. 프레임도 같은 방식으로 오립니다. 모두 오렸다면 종이를 뒤집습니다.

6. 홍학을 아래로, 프레임을 위로 올린 후 원하는 줄로 잘 묶어서 조명 아래나 벽에 매달아보세요. 저는 마끈을 이용했고 화초에 매달아 완성했습니다. 61, 63, 65쪽에 있는 다른 그림의 프레임과 합쳐도 재미있을 거예요.

일러두기

각 도안은 반전되어 있어서 모두 자른 후에 뒤집으면 완성입니다.
완성된 모습은 121쪽에서 확인할 수 있습니다.

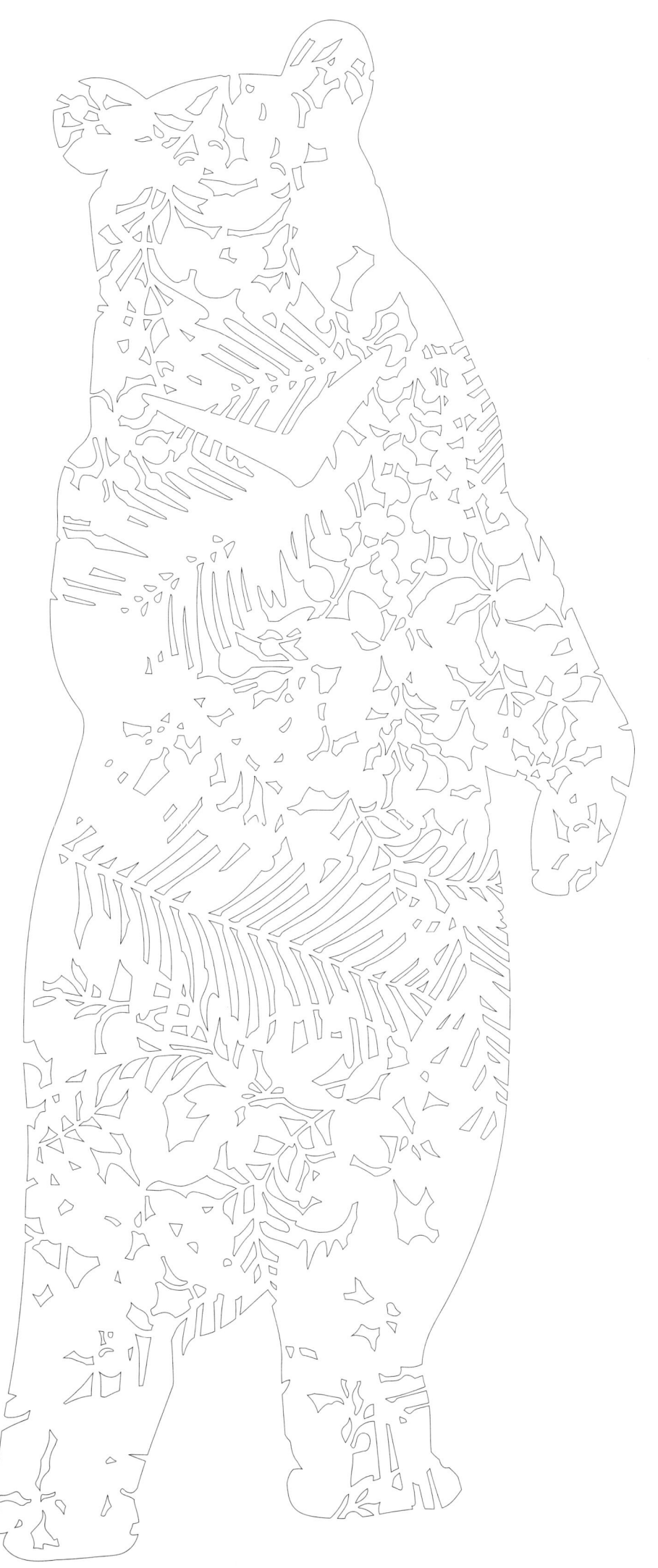

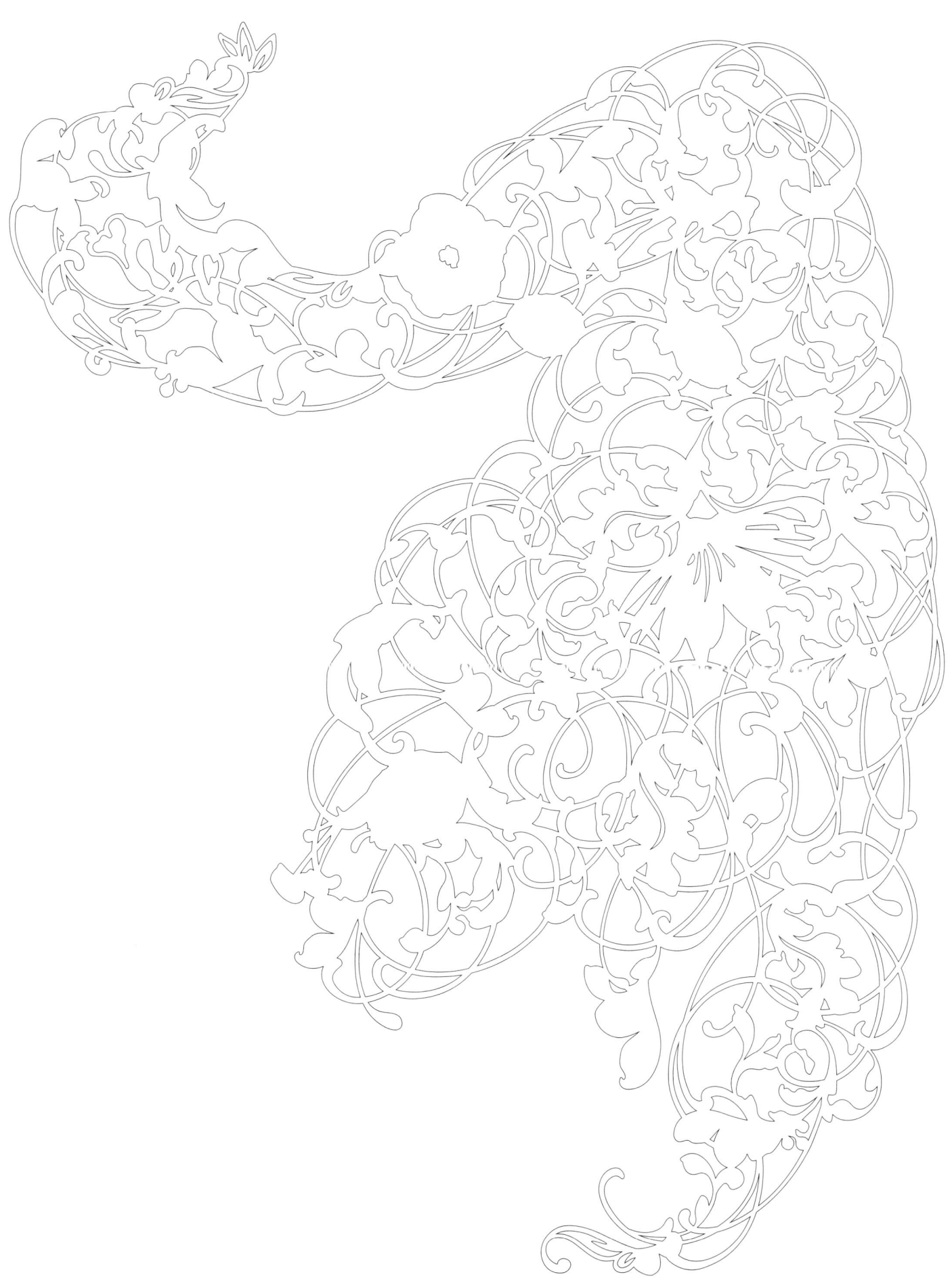

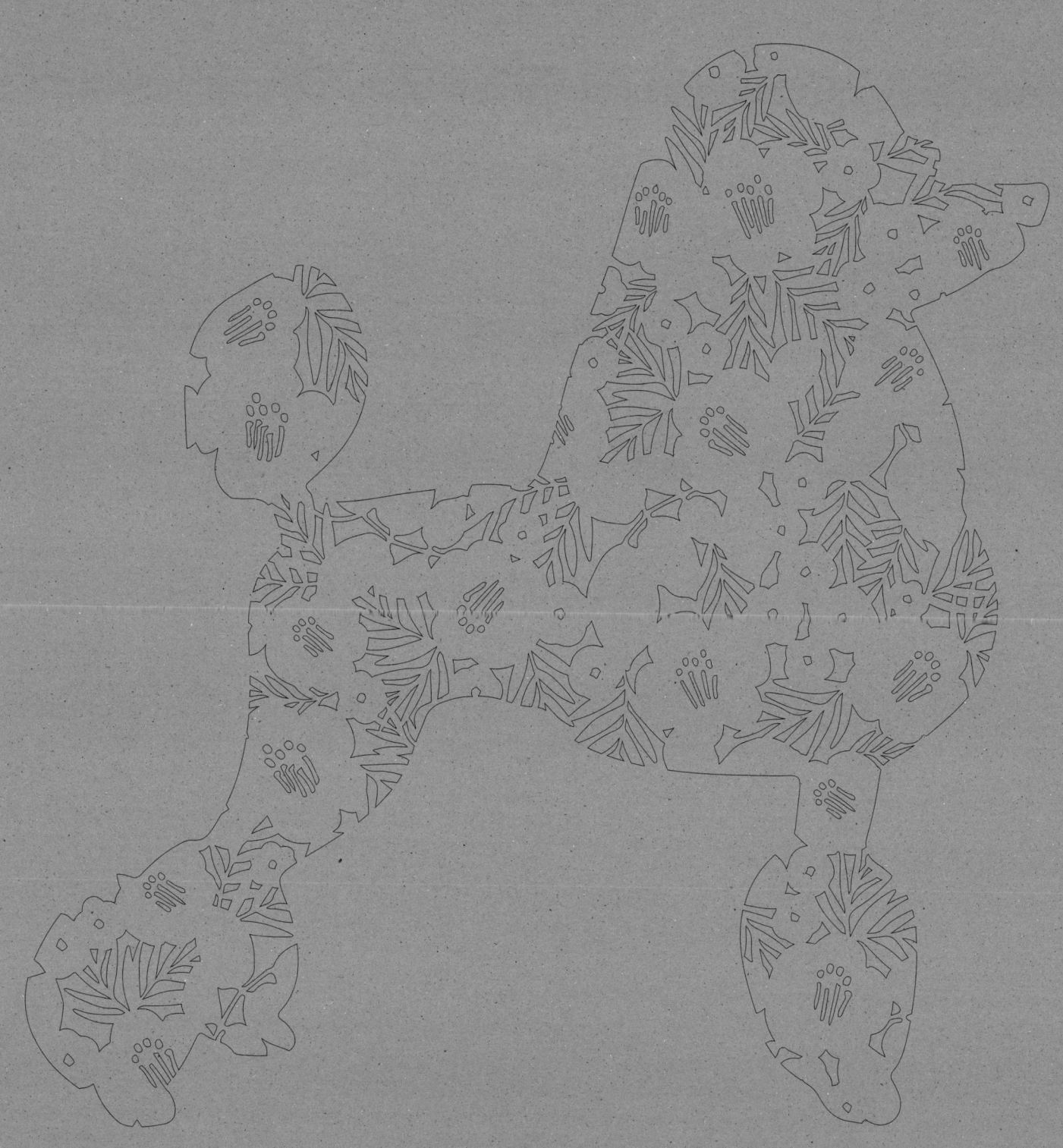

완성된 모습

17쪽

19쪽

21쪽

23쪽

25쪽

27쪽

29쪽

31쪽

33쪽

35쪽

37쪽

39쪽

41쪽

43쪽

45쪽

47쪽

49쪽

51쪽

53쪽

55쪽

57쪽

59쪽

61쪽

63쪽

65쪽

67쪽

69쪽

71쪽

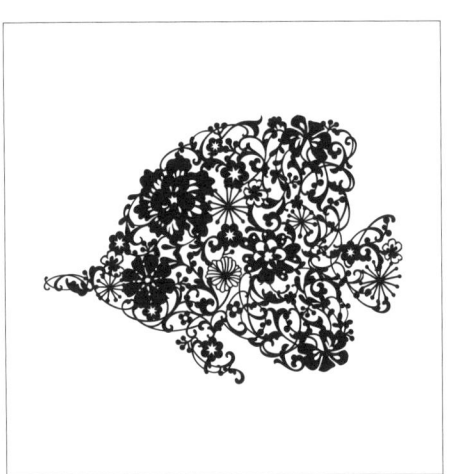
73쪽

75쪽

77쪽

79쪽

81쪽

83쪽

85쪽

87쪽

89쪽

91쪽

93쪽

95쪽

97쪽

99쪽

101쪽

103쪽

105쪽

107쪽